¡Bienvenidos! (páginas 4-5)

1 Busca estos países de habla española en la sopa de letras.
(Find these Spanish-speaking countries in the wordsearch grid.)

Argentina   Ecuador   Perú   Bolivia
Colombia   Chile   Panamá   Cuba
España   Guatemala   Uruguay

A	R	G	E	N	T	I	N	A	M	C	A
R	T	U	I	S	N	C	N	L	A	O	I
C	E	A	B	D	P	E	F	E	G	L	H
H	J	T	K	Z	L	A	Y	C	M	O	U
I	O	E	P	W	R	X	Ñ	U	T	M	R
L	U	M	V	C	S	Q	W	A	E	B	U
E	R	A	T	U	Y	U	I	D	O	I	G
P	S	L	D	B	F	G	H	O	J	A	U
K	P	A	N	A	M	Á	L	R	Z	X	A
C	E	V	B	N	M	Q	E	W	M	G	Y
L	R	K	J	M	É	X	I	C	O	T	F
D	Ú	A	B	O	L	I	V	I	A	H	B

2 Hay un país en la sopa de letras que no está en la lista. ¿Cuál es?
(There is one country in the wordsearch grid which is not on the list. Which country is it?)

_____

●● CUADERNO: TEMA 1 ●●

¿Qué tal? (páginas 6-7)

1 ¿Qué dicen los amigos? Elige las frases de la lista y escríbelas en los globos apropiados.
(What are the friends saying to each other? Choose the correct phrase for each speech bubble from the list and write them in.)

2a Escribe las letras que faltan.
(Fill in the missing letters.)

Hola, ¿qué tal?	¡Hasta la vista!
Terrible...	Muy bien, gracias, ¿y tú?

1 Bu___n___s   n___ch___s.

2 Bu___n___s   t___rd___s.

3 Bu___n___s   d___ ___s.

2b Ahora, escribe el saludo apropiado para cada dibujo.
(Now write the correct greeting underneath each picture.)

1 _____   2 _____   3 _____

3 ¿Qué se dice: buenos días, buenas tardes o buenas noches?

1   2   3   4   5   6

¡ARRIBA!

1

Cuaderno del alumno

Ana Kolkowska
Libby Mitchell

Heinemann Educational Publishers
Halley Court, Jordan Hill, Oxford OX2 8EJ
Part of Harcourt Education Limited

Heinemann is the registered trademark of Harcourt Education Limited

© Ana Kolkowska and Libby Mitchell 1995

First Published 1995
05 04 03
15 14

A catalogue record for this book is available from the British Library on request

ISBN 0 435 39026 0 (single)
　　　0 435 39012 0 (pack)

Produced by **Plum Creative**, East Boldre, Hampshire SO42 7WT

Illustrations by Lynda Knott, John Plumb, Phillip Burrows and Andrew Warrington

Printed in the UK by Thomson Litho Ltd

The authors and publishers would like to thank the following for permission to reproduce copyright material: Revista '**Diez Minutos**' (no.2.196)

Every effort has been made to contact copyright holders of material reproduced in this book. Any omissions will be rectified in subsequent printings if notice is given to the publishers

●● **CUADERNO: TEMA 1** ●●

¿Cómo te llamas? (páginas 8-9)

1 Contesta estas preguntas.
(Answer these questions.)

¡Hola! ¿Cómo te llamas? _____

¿Qué tal? _____

2 ¿Cómo se llaman estas personas? Mira la lista y rellena los globos con los nombres apropiados.
(What are the names of these people? Fill in the speech bubbles with the correct names from the list.)

¿Cómo te llamas?

Linford Christie
Naomi Campbell • *Madonna*
Prince Charles • *Brad Pitt*

3 Elige una de las personas famosas y completa la entrevista.
(Choose one of the people and complete the interview.)

Tú: ¡Hola! ¿Cómo _____ ?

La persona: _____ ¿Qué _____ ?

Tú: _____

La persona: ¿ _____ te llamas?

Tú: _____

Los números (páginas 10-11)

1 Mira la clave y descifra lo que dice la chica.
(Look at the key and work out what the girl is saying.)

_ _ _ _ , ¿ _ _ _ _ _ _ ? _ _ _ _ _ _ _ _ _ _ _ _
9, 18, 13, 1   20, 25, 6   24, 1, 13   15, 6   14, 1, 15, 18   13, 1, 25, 21, 1

a - uno
b - dos
c - tres
ch - cuatro
d - cinco
e - seis
f - siete
g - ocho
h - nueve
i - diez
j - once
k - doce
l - trece
ll - catorce
m - quince

n - dieciséis
ñ - diecisiete
o - dieciocho
p - diecinueve
q - veinte
r - veintiuno
rr - veintidós
s - veintitrés
t - veinticuatro
u - veinticinco
v - veintiséis
w - veintisiete
x - veintiocho
y - veintinueve
z - treinta

2 Suma los números de tu nombre. ¿Cómo es tu personalidad?
(Add up the numbers of your name. What is your personality like?)

ejemplo   G L O R I A   E S T E F A N
           8+5+2+5+2+1   6+7+8+6+7+1+8 = 66
                                      = ¡fenomenal!

Soy ....

(I'm ....)

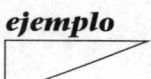

a	h	ñ	u	**1**
b	i	o	v	**2**
c	j	p	w	**3**
ch	k	q	x	**4**
d	l	r	y	**5**
e	ll	rr	z	**6**
f	m	s		**7**
g	n	t		**8**

	♂	♀
1 - 10	fantástico / cómico	fantástica / cómica
11 - 20	amable / estupendo	amable / estupenda
21 - 30	ambicioso / inteligente	ambiciosa / inteligente
31 - 40	atractivo / romántico	atractiva / romántica
41 - 50	sensitivo / estudioso	sensitiva / estudiosa
50 +	¡fenomenal!	¡fenomenal!

● ● CUADERNO: TEMA 1 ● ●

¿Cuántos años tienes? (páginas 12-13)

1 Mira el carnet de Enrique. Rellena el carnet de Pablo para el Polideportivo Miramar.
(Look at Enrique's membership card. Fill in Pablo's membership card for the Miramar sports centre.)

CLUB DE TAEKWONDO WANG CHU
Nombre: Enrique
Apellidos: Martínez Durán
Dirección: Paseo Primo de Rivera, 2
Torrelavilla, Avila
Edad: 15 años

¡Hola! Me llamo Pablo Durán Cárdenas. Tengo catorce años. Mi dirección es Avenida 24 de Julio nº 32, Bilbao.

Club de fútbol
Polideportivo Miramar
Nombre y apellidos: ....
Edad: ....
Dirección: ....
Categoría juvenil

2 Rellena el carnet con tus datos personales.
(Fill in the membership card with your personal details.)

Club de Fotografía Flash
Nombre: ....
Apellidos: ....
Dirección: ....
Edad: ....
Número de teléfono: ....

3 Mira las fechas de nacimiento de estas personas. ¿Cuántos años tienen? Completa las frases.
(Look at the dates of birth of these people. How old are they? Complete the sentences.)

1
José
1-11-85

Tengo _____ años

2
Mercedes
15-6-63

Tengo _____

3
Agata
2-9-80

_____

● ● CUADERNO: TEMA 1 ● ●

¿Dónde vives? (páginas 14-15)

1 Mira el país correcto de cada persona y luego completa las frases.
(Look at each person's country and then complete the sentences.)

	Escocia	Gales	Inglaterra	Irlanda
Laura	✔			
Marcos		✔		
Alicia				✔
Daniel			✔	
Gloria		✔		

¡Hola! Me llamo Laura.
Vivo en ....

..............................llamo Alicia.
Vivo ....

..............................Gloria
....

¡Hola! ¿Qué tal?
Me ....Marcos.
Vivo en ....

¡Hola! Me llamo
Daniel ....

2a Elige el país de cada persona.
(Choose the correct country for each person.)

2b Escribe la nacionalidad de cada persona.
(Write the correct nationality for each person.)

1 Me llamo Gabriela Sabatini. Soy de **Alemania** Soy _____
2 Me llamo Boris Becker. Soy de **Argentina** Soy _____
3 Me llamo Roberto Baggio. Soy de **España** Soy _____
4 Me llamo Colin Jackson. Soy de **Italia** Soy _____
5 Me llamo Tom Cruise. Soy de **Gales** Soy _____
6 Me llamo Arantxa Sánchez Vicario. Soy de **Los Estados Unidos** Soy _____
7 Me llamo Lenny Henry. Soy de **Escocia** Soy _____
8 Me llamo Brigitte Bardot. Soy de **Los Estados Unidos** Soy _____
9 Me llamo Michelle Pfeiffer. Soy de **Inglaterra** Soy _____
10 Me llamo Robbie Coltrane. Soy de **Francia** Soy _____

> **argentino/argentina**   **alemán/alemana**   **italiano/italiana**   **galés/galesa**
> **español/española**   **inglés/inglesa**   **francés/francesa**   **estadounidense**
> **escocés/escocesa**

3 Y tú, ¿dónde vives? _____
¿De qué nacionalidad eres? _____

● ● **CUADERNO: TEMA 1** ● ●

Tengo amigos de muchas nacionalidades
(páginas 16-17)

1 Contesta las preguntas. Escribe tus respuestas en los globos.
(Answer the questions. Write your answers in the speech bubbles.)

¿Cómo te llamas?

¿Cuántos años tienes?

¿Dóndes vives?

¿De qué nacionalidad eres?

Tu foto

2 Escribe los datos personales de tu personalidad favorita.
(Write details about your favourite famous person.)

Nombre: _____

Edad: _____

País: _____

Nacionalidad: _____

Pega aquí una foto de tu actor o actriz favorito.

Los meses (páginas 18-19)

1 Escribe los meses en el crucigrama.
(Write the months in the crossword.)

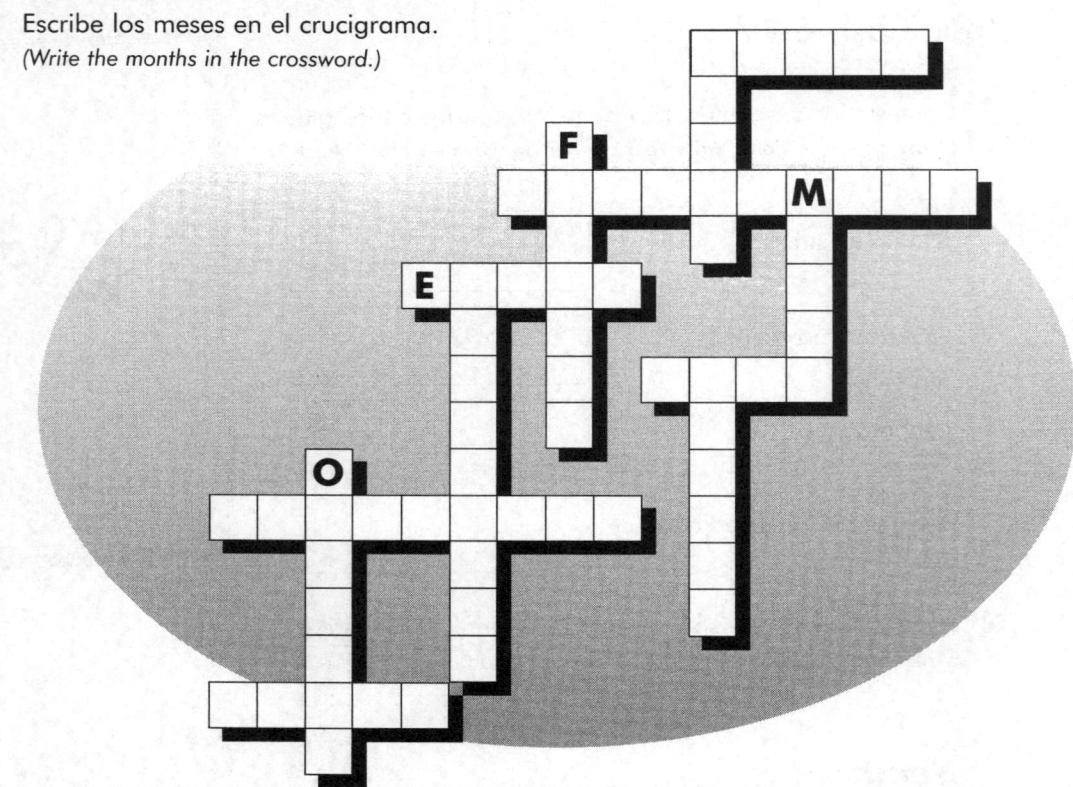

2 Escribe el número correcto para completar la serie.
(Write the correct number to complete the series.)

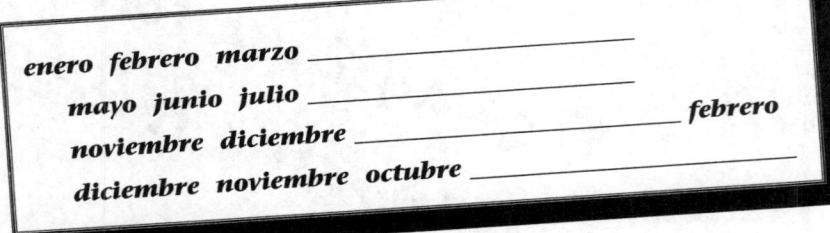

3 Escribe el mes correcto para completar la serie.
(Write the correct month to complete the series.)

```
enero  febrero  marzo  _____
   mayo  junio  julio  _____
   noviembre  diciembre  _____ febrero
   diciembre  noviembre  octubre  _____
```

4 ¿Cuándo es tu cumpleaños?
(When is your birthday?)

_____

Repaso: Tema entero

Completa la historia en los dibujos.
(Complete the story.)

| te llamas | Vivo | vives | Tengo | escocesa |
| ¡Hola! | | Me llamo | | |

•• **CUADERNO: TEMA 1** ••

Repaso: Tema entero

1 Completa las preguntas con las palabras apropiadas.
Luego escribe las respuestas correctas.
(Complete the questions with the correct words. Then write the answers to the questions.)

| *Dónde* | *Cuántos* | *Cuándo* | *Cómo* | *Qué* | *qué* |

a ¡Hola! ¿ _____ tal? _____

b ¿ _____ te llamas? _____

c ¿ _____ vives? _____

d ¿ _____ años tienes? _____

e ¿De _____ nacionalidad eres? _____

f ¿ _____ es tu cumpleaños? _____

2 Mira los anagramas y escribe los nombres de los países.
(Look at the anagrams and write the names of the countries.)

EPAÑSA   TALIAI   ACIFRAN   MANIALEA

_____   _____   _____   _____

Hablo español muy bien, ¿y tú?

3 ¿Hablas español bien? ¿Escribes español bien? Completa las frases.

Hablo español _____ (bien / muy bien / mal / muy mal)

Escribo español _____ (bien / muy bien / mal / muy mal)

CUADERNO: TEMA 2

¿Cómo vas al colegio? (páginas 22-23)

1 Mira los dibujos y escribe los medios de transporte en los espacios.
(Look at the drawings and write the correct means of transport in the grid.)

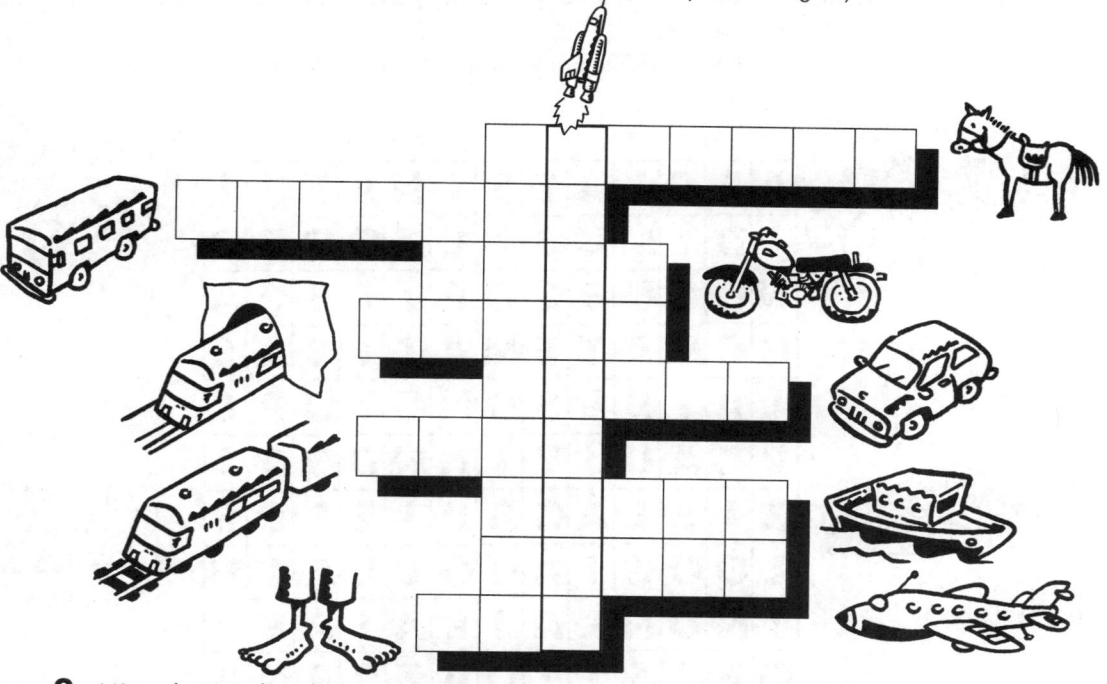

2 Mira el ejemplo y luego escribe las frases apropiadas en los dibujos.
(Look at the example and write the correct sentence for each drawing.)

a  b  c  d  e

ejemplo Voy en... _____

f  g  h  i

3 Escribe las palabras apropiadas en los espacios. Luego escribe lo mismo sobre ti.
(Write the correct words in the spaces. Then write the same about yourself.)

¡Hola! Me llamo Antonio. Vivo en Barcelona. Voy al colegio Joanot Martorell.

Normalmente voy al colegio _____

pero a veces voy _____.

¿Y tú, cómo vas al colegio?

_____

_____

_____

11

¿Qué te gusta estudiar? (páginas 24-25)

CUADERNO: TEMA 2

1 ¿De qué asignaturas son estos profesores?
Busca en la sopa de letras las palabras que faltan y escríbelas en los espacios en blanco.
*(What subjects do these teachers teach?
Find the subjects in the wordsearch grid and write them in the correct blank spaces.)*

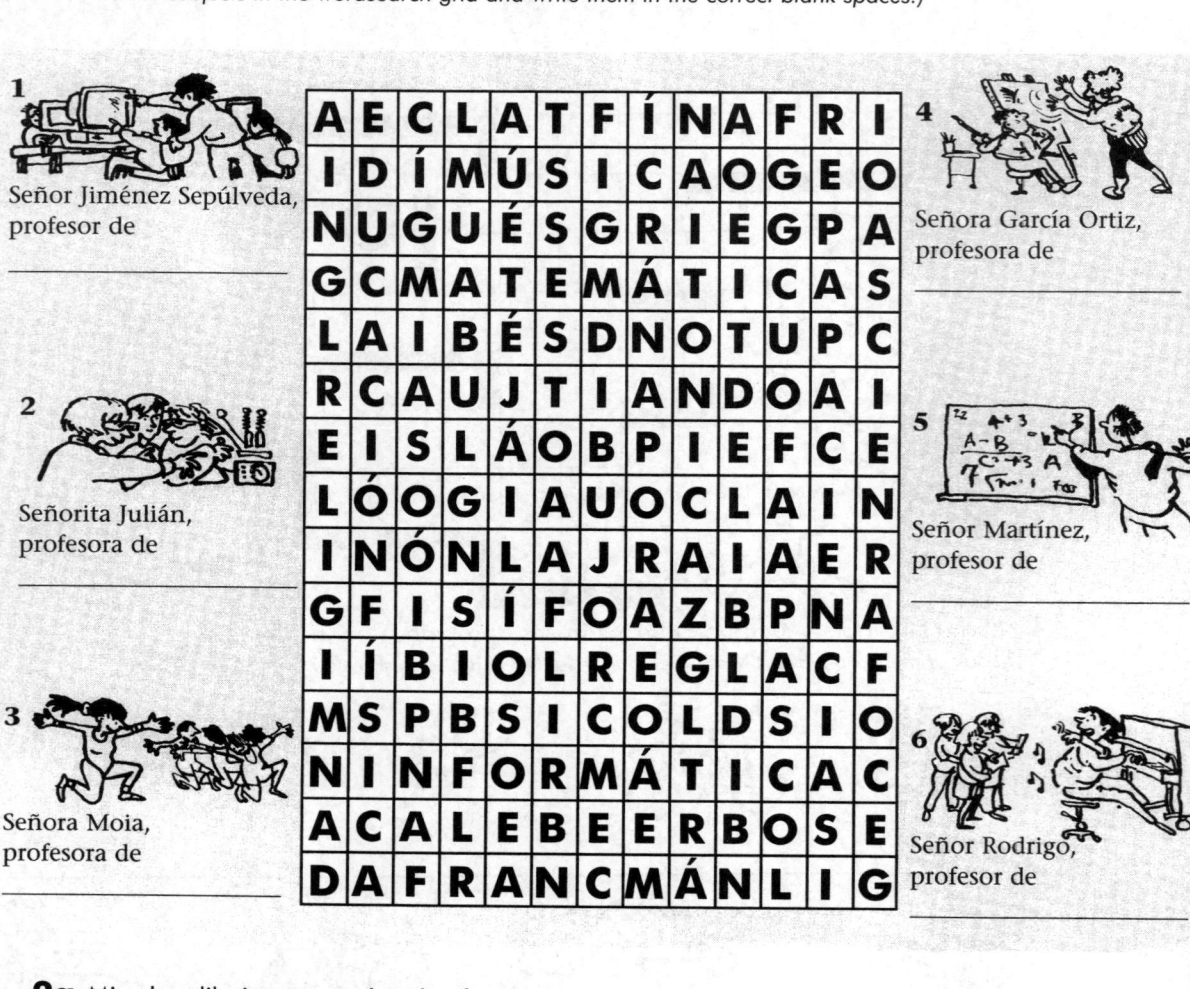

1 Señor Jiménez Sepúlveda, profesor de _____

2 Señorita Julián, profesora de _____

3 Señora Moia, profesora de _____

4 Señora García Ortiz, profesora de _____

5 Señor Martínez, profesor de _____

6 Señor Rodrigo, profesor de _____

2a Mira los dibujos y completa las frases.
(Look at the pictures and complete the sentences.)

Me gusta mucho el _____ Me gustan la _____

y las _____ pero no me gustan las

_____ y no me gusta nada la _____

ni el _____

2b ¿Y tú? ¿Qué opinas de tus asignaturas?
(What do you think of your school subjects?)

_____

_____

_____

CUADERNO: TEMA 2

¿A qué hora tienes la clase? (páginas 26-27)

1 Mira la hora en los relojes y completa el crucigrama con las palabras que faltan en las frases.
(Look at the times on these clocks and complete the crossword with the words that are missing from the sentences.)

1 Las _____ menos cuarto

2 Las diez y _____

3 Las tres y _____

4 _____ dos menos veinticinco

5 Las tres y _____

6 La _____ y veinte

7 Las _____ menos diez

8 Las _____ y media

9 La una menos _____

10 Las seis _____ veinte

2 Mira los relojes y escribe las horas.
(Look at the clocks and write the times.)

1 _____

2 _____

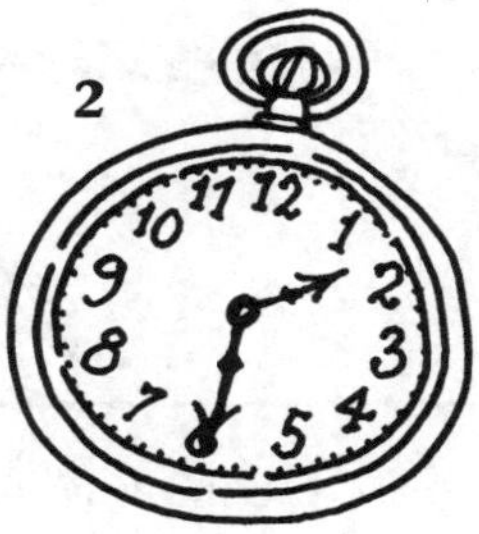

3 _____

4 _____

5 _____

13

● ● **CUADERNO: TEMA 2** ● ●

En clase (páginas 28-29)

1 ¿Cuántas cosas hay en la clase que terminan en 'a'? Mira los anagramas y escribe una lista.
(How many things are there in the classroom which end in 'a'. Look at the anagrams and write a list.)

TENAVAN
APETRU
ZIPARAR
TREPPUI
LISAL
LEAPREAP
CHIMALO
GELAR
ACHIC
HICCO
PLAPE
FOGÍBOLAR
MAGO

2 Escribe los nombres de las cosas.
(Write the name of each item.)

3 ¿Qué hay en tu mochila? Escribe hay o no hay.
(What have you got in your school bag?)

Hay / No hay _____

cuadernos
libros
lápices
bolígrafos
papel
una regla

La clase de miedo (páginas 30-31)

1 Elige las frases apropiadas para cada dibujo y escríbelas en los espacios.
(Choose the most appropriate sentence for each drawing and write it in the spaces.)

Necesito ayuda.
Préstame un bolígrafo.
¿Tiene un libro, por favor?
Quiero ir a los servicios.
¿Cómo se dice 'socorro'?
No sé.
He terminado.
¿Qué hago ahora?
No entiendo.
¿Puede repetir, por favor?

2 Haz un dibujo para ilustrar una de las frases del ejercicio 1.
(Draw a cartoon to illustrate one of the sentences in exercise 1.)

¿Qué pasa con Felipe? (páginas 32-33)

1 Elige las frases más adecuadas de la lista y rellena los espacios en blanco.
(Choose the most appropriate phrases from the list and fill in the blank spaces.)

• • **CUADERNO: TEMA 2** • •

¿Cómo es tu instituto? (páginas 34-35)

1 Escribe sobre tu instituto.
(Write about your school.)

Mi instituto se llama _____

Es un instituto (mixto / masculino / femenino) _____

Tiene _____ alumnos.

(Hay / no hay) _____ uniforme.

Voy al instituto _____ (en autobús / a pie, etc)

Llego a las _____

Mi asignatura favorita es _____

2 ¿Qué es importante en el instituto? Escribe las frases en orden de importancia.
(1=muy importante.)
(What is important in school? Write the sentences in order of importance. 1=very important.)

> Hay un jardín / patio estupendo.
> Hay alumnos simpáticos.
> (Tengo amigos.)
> Hay disciplina.
> Hay campos de fútbol.
> Hay recreo.
> Hay exámenes.
> Hay una biblioteca.
> Hay profesores simpáticos.
> Hay uniforme.
> Hay laboratorios de ciencias.

1 _____   6 _____
2 _____   7 _____
3 _____   8 _____
4 _____   9 _____
5 _____   10 _____

CUADERNO: TEMA 2

Repaso: Tema entero

1 Escribe las palabras apropiadas en los espacios.
(Write the correct words in the spaces.)

¡Hola! ¿Qué tal? Me llamo Elena. Vivo en Málaga. Tengo 16 años.

Voy a un instituto. Es _____ No hay

_____ Voy al instituto _____

Normalmente llego _____ Los lunes tengo

_____ Me gusta mucho porque es interesante.

Me gusta la _____ también.

En el instituto hay _____, laboratorios de

_____, hay canchas de voleibol y hay una

sala de _____

| gimnasia | informática | en moto | uniforme | ciencias |
| geografía | a las ocho y media | biblioteca | mixto |

2 ¿Qué tipo de estudiante eres?

Contesta las preguntas y sigue las líneas en la página 19. ¿A qué número llegas?
Lee el análisis de tu número para ver qué tipo de estudiante eres.
(Answer the questions and follow the lines on page 19. What number do you get to?
Read the analysis to see what sort of student you are.)

Análisis

1. **Un estudiante excelente.**
   Te gusta estudiar, es fácil. Tienes mucho futuro.

2. **Buen estudiante.**
   Te gusta el instituto. A veces es difícil pero es interesante.

3. **Estudiante regular.**
   Te gusta el instituto pero necesitas estudiar más para tener una profesión.

4. **Mal estudiante.**
   No te gusta mucho el instituto.
   ¡Escucha a la profesora! ¡Presta atención!
   Necesitas disciplina y organización.

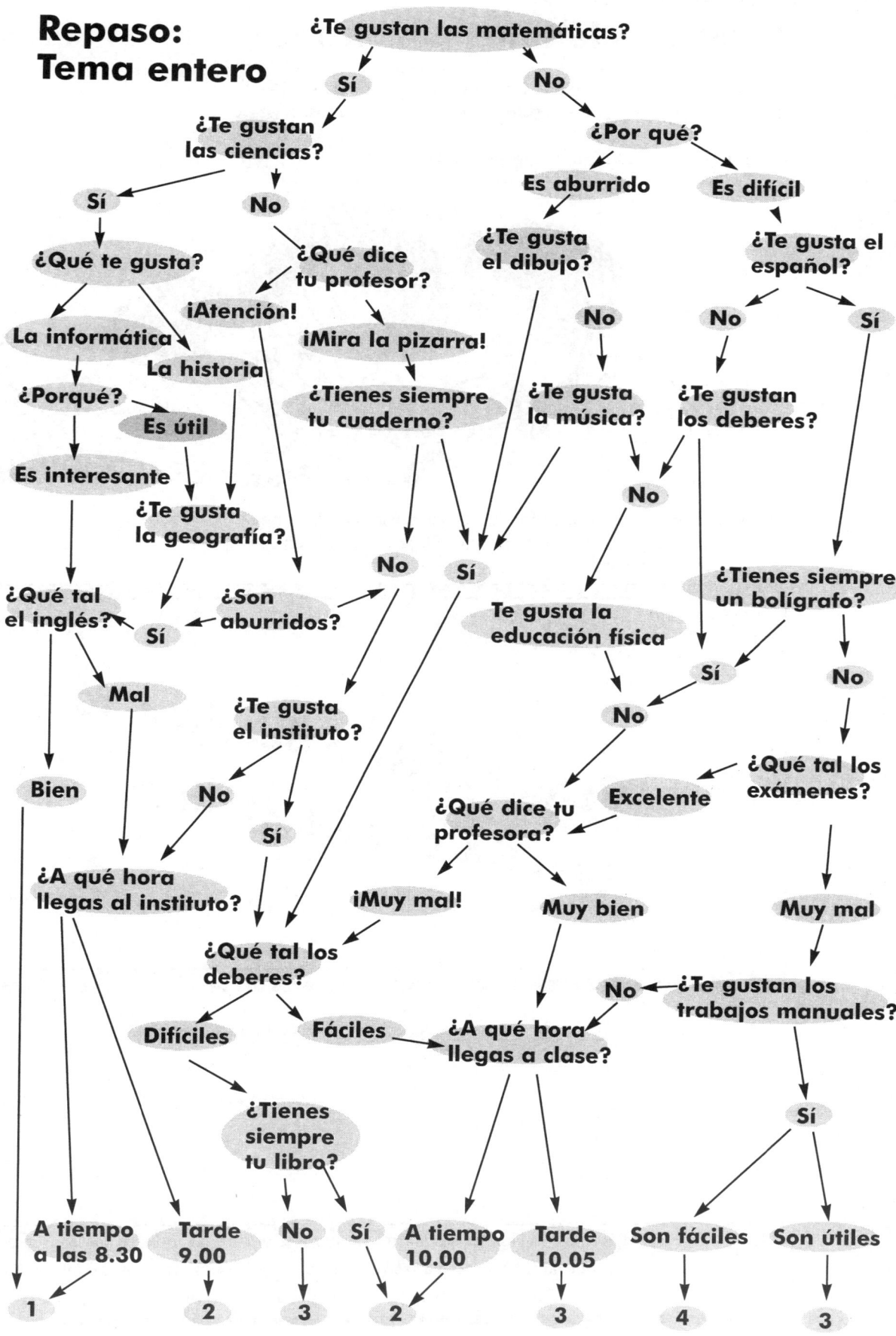

● ● **CUADERNO: TEMA 3** ● ●

El álbum de fotos (páginas 38-39)

Esta es una foto de mi madre, mi padrastro, mi abuela y mi hermana menor. En la foto mi hermana tiene siete años.

...Y éste soy yo. En la foto tengo seis meses.

1 Pega fotos o dibuja a tu familia en este espacio. Escribe una frase para cada foto o dibujo. Elige las palabras apropiadas de la lista.

Pega tu foto o dibuja a tu familia en este espacio.

Esta es una foto de _____   Esta es una foto de _____

En la foto tiene _____   En la foto tiene _____

años. _____   años. _____

---

madre padre padres hermana hermano hermanos hermanas marido mujer padrastro
madrastra padrastros hermanastro hermanastra hermanastros hermanastras abuelo abuela abuelos
abuelas tío tía tíos tías primo prima primos primas hijo hija hijos hijas hija única

CUADERNO: TEMA 3

Los colores y tú (páginas 40-41)

1 Escribe los colores en el crucigrama.
(Write the colours in the crossword grid.)

amarillo
azul
blanco
gris
marrón
naranja
negro
púrpura
rojo
verde

2 ¿Cómo son tus amigos? Escribe sus nombres y marca las casillas apropiadas.
(What are your friends like? Write their names and mark the correct boxes.)

nombres	la piel				el pelo				los ojos			
	morena	negra	mestiza	blanca	negro	castaño	pelirrojo	rubio	marrones	negros	azules	verdes

3 Ahora escribe sobre tus amigos, empleando la información de ejercicio 2.
(Now write about your friends using the information from activity 2.)

ejemplo Oliver tiene la piel morena y tiene el pelo negro. Tiene los ojos marrones.

_____
_____
_____
_____

● ● **CUADERNO: TEMA 3** ● ●

¿Cómo eres? (páginas 42-43)

1 Elige la descripción apropiada para cada persona.
(Choose the appropriate description for each person.)

a Fred Flintstone
b Barney Rubble
c Marilyn Monroe
d Superman
e Snow White
f Popeye
g Olive Oyl

1 Es delgada y es rubia. No es ni alta ni baja.
2 Es alto pero no es gordo. Tiene el pelo corto y moreno.
3 Tiene la piel blanca y el pelo negro. Es delgada pero no es alta.
4 Es bajo y gordo.
5 Es bajo pero no es gordo. Tiene el pelo rubio.
6 Es bajo y delgado.
7 Es alta y es muy delgada. Tiene el pelo largo y liso.

2 Descríbete. Elige las palabras apropiadas.
(Describe yourself. Choose the appropriate words.)

Soy _____ (**negro/negra, moreno/morena, mestizo/mestiza, rubio/rubia, pelirrojo/pelirroja**)
Tengo los ojos _____ (**azules, verdes, marrones, negros**)
Tengo la piel _____ (**blanca, morena, mestiza, negra**)
Tengo el pelo _____ (**negro, castaño, pelirrojo, rubio**)
y _____ (**liso, rizado, corto, largo, rapado**)
Soy _____ (**alto/alta, bajo/baja, delgado/delgada, gordo/gorda**)

3 Pega aquí una foto de una persona famosa. Elige las palabras apropiadas del ejercicio 2 para describir a la persona.
(Stick a photo of a famous person here. Choose the appropriate words from exercise 2 to describe the person.)

Es _____

Tiene los ojos _____

Tiene la piel _____

Tiene el pelo _____

y _____

Pega aquí

22

¿Tienes un animal? (páginas 44-45)

1 Estas personas han perdido sus perros. Empareja las descripciones con los animales.
(These people have lost their dogs. Match up the descriptions with the animals.)

1. Mi perro es pequeño y muy largo. Es muy simpático.

2. Mi perro es grande y feroz. Es alemán. Es negro y se llama Max.

3. Mi perro es muy tonto. Es joven y muy rápido. Es negro y tiene el pelo largo.

4. Mi perra se llama Tomasa. Es grande y gorda. Es muy tranquila y lenta.

5. Mi perra es blanca. Es muy joven y simpática. Tiene el pelo rizado.

2 Escribe una descripción de tu animal. Puede ser imaginario.
(Write a description of your pet. It can be an imaginary one.)

• • CUADERNO: TEMA 3 • •

Animales del mundo hispano (páginas 46-47)

1 Busca los nombres de todos los animales en el dibujo.
(Look for the names of all the animals shown in the drawing.)

2 Escribe el nombre del animal apropiado en los espacios para completar las frases.
(Write the name of the correct animal in the spaces to complete the sentences.)

a El _____ vive en el río y es feroz.

b El _____ es un pájaro y es el símbolo de su país.

c Se llama la _____ y vive en los Andes de Sudamérica.

d Este animal no es feroz. Es dócil y muy tranquilo. Vive en los árboles. Se llama el

_____

e El _____ es feroz y rápido. Vive en Centroamérica y en Sudamérica.

f El _____ es un pájaro grande. Vive en los Andes.

g La _____ es un reptil. En la canción se llama Vicente.
En Sudamérica hay una que se llama la anaconda.

h El _____ es un animal simpático. Vive en
Sudamérica y en África. En el Test es ágil y divertido.

¿Dónde vives? (páginas 48-49)

1 Lee lo que dicen las personas y mira los dibujos de las casas. Empareja las casas con las personas y rellena los espacios en blanco.
(Read what these people are saying and look at the drawings of the houses. Pair up the people with their homes and fill in the blanks.)

a Me llamo Teresa vivo en un piso en Madrid.

b Hola, soy Enrique vivo en una casa en Segovia.

c ¿Qué tal? Me llamo Claudia, vivo en una pensión en Torremolinos.

d Me llamo Benjamín, vivo en una hacienda en Argentina.

e Soy Adrián, vivo en una chabola en Perú.

f Hola, me llamo Matilde. Vivo en una granja en Asturias.

g ¿Qué tal? Soy Ana, vivo en un chalet en San Sebastián.

1
Nombre: Teresa
Su casa: Un piso en Madrid

2
Nombre: _____
Su casa: _____

3
Nombre: _____
Su casa: _____

4
Nombre: _____
Su casa: _____

5
Nombre: _____
Su casa: _____

6
Nombre: _____
Su casa: _____

● ● **CUADERNO: TEMA 3** ● ●

¿Cómo es tu casa? (páginas 50-51)

1a Mira el plano de esta casa. Nombra las habitaciones usando las palabras de la lista.
(Look at the plan of this house and label it using the words from the list.)

**la cocina
el comedor
el salón
el dormitorio
el cuarto de baño
el aseo
el despacho
el balcón
el jardín
el patio
el garaje
la piscina
el pasillo
arriba
abajo
las escaleras
el sótano
el ático**

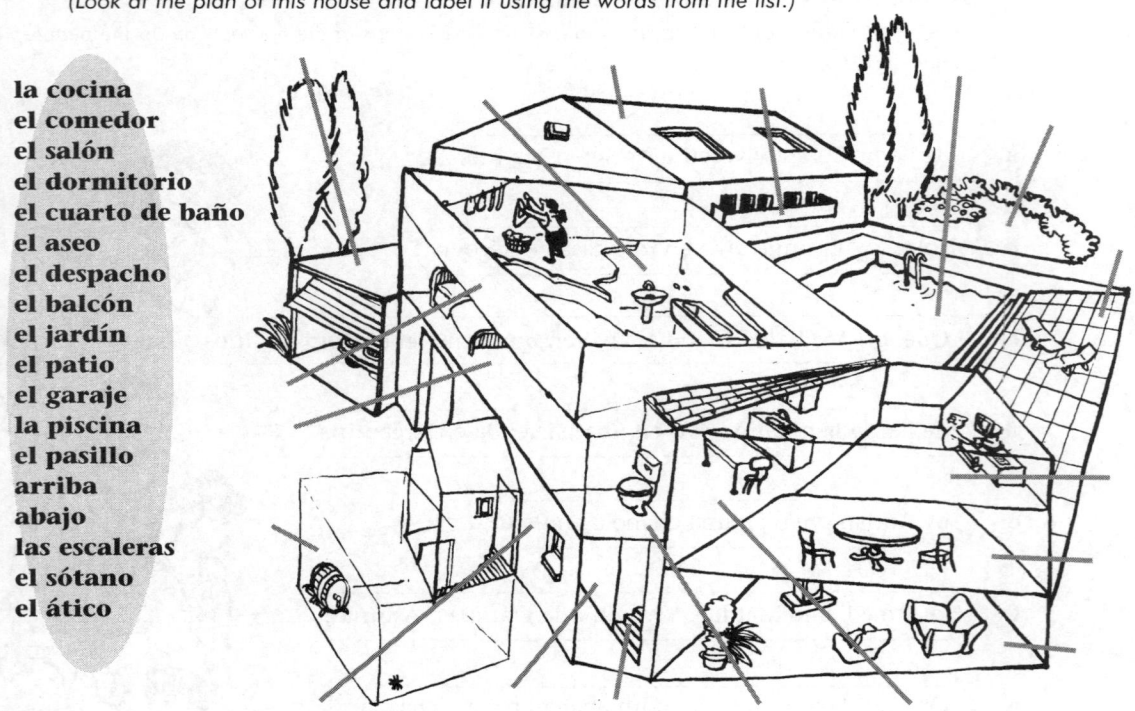

1b Mira el plano de tu casa nueva. Dibuja las habitaciones y nómbralas.
(This is a plan of your new house. Draw in the rooms and label them.)

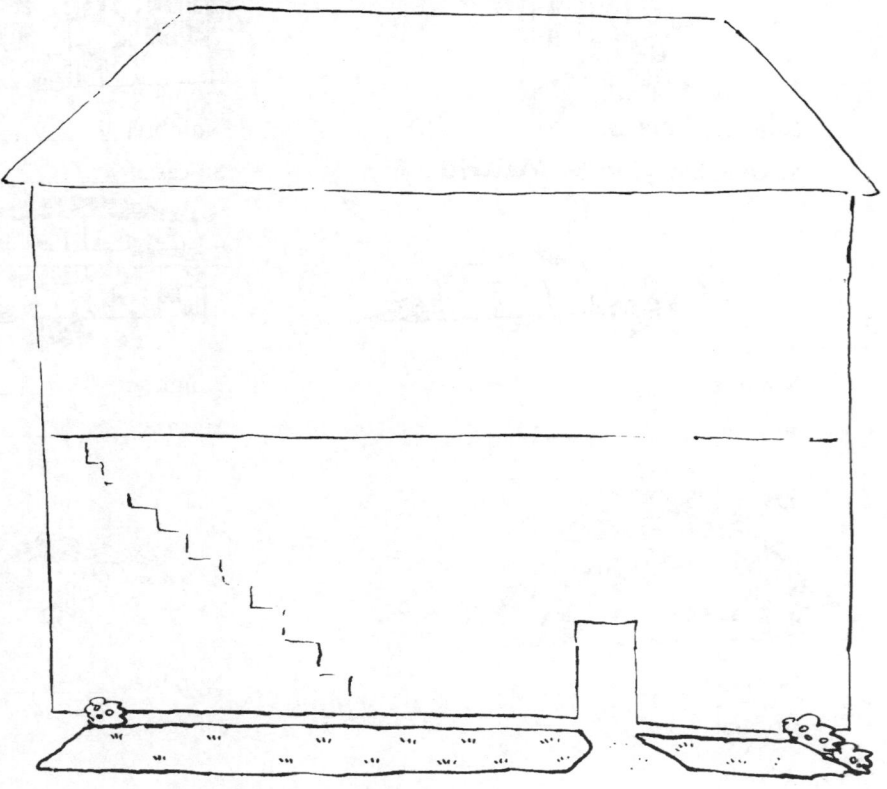

● ● **CUADERNO: TEMA 3** ● ●

Mi pueblo (páginas 52-53)

1a Lee las descripciones de los lugares donde viven estas personas.
(Read the descriptions of the places where these people live.)

1 Vivo en un piso en el centro de Bilbao. Está en el norte de España. Mi ciudad es industrial, es sucia, es fea, está contaminada, hay mucho tráfico. Pero me gusta mucho.

2 Vivo en un pueblo de Extremadura. Está en el este de España. Es antiguo, está en el campo, es bonito. Hay muchos turistas. Pero es aburrido. No me gusta.

1b Pega aquí una foto o dibuja tu ciudad o pueblo y descríbela.
(Stick a photo of your town or village here and write a description of it.)

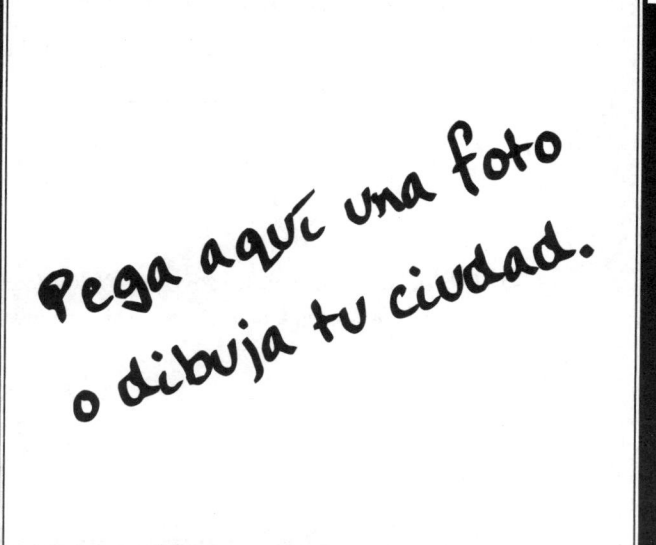

Repaso: Tema entero

1 Escribe sobre tu familia. Elige las palabras apropiadas de la lista.
(Write about your family. Choose appropriate words from the list.)

Mi madre _____

Mi padre _____

Mi hermano es _____

_____

Mi hermana es_____

_____

agradable	**estudioso/estudiosa**	**perezoso/perezosa**
artístico/artística	**formal**	**positivo/positiva**
dinámico/dinámica	**inteligente**	**práctico/práctica**
dramático/dramática	**lógico/lógica**	**serio/seria**
elegante	**moderno/moderna**	**simpático/simpática**
estricto/estricta	**organizado/organizada**	**sincero/sincera**
		tranquilo/tranquila

2 Pega aquí una foto de tu amigo o amiga.
Describe a tu amigo/a.
(Stick a picture of your friend here. Describe your friend.)

Mi amigo/amiga se llama _____

Es _____ Tiene el pelo _____

Tiene los ojos _____ Me gusta porque es

_____

3 Dibuja aquí tu animal favorito. Y luego completa las frases.
(Draw your favourite animal here. Then complete the sentences.)

En casa tengo _____

Se llama _____

Es _____

Me gusta porque es _____

Repaso: Tema entero

1 Lee el diálogo y elige al ladrón.
(Read the dialogue and pick out the thief.)

¿Es alto o bajo?
Es alto.
¿Es gordo o delgado?
Es delgado.
¿Es negro o blanco?
Es blanco.
¿Es rubio o moreno?
Es rubio y tiene el pelo largo.
¿Tiene el pelo liso o rizado?
Tiene el pelo rizado.

2 Mira los dibujos. Marca lo que hay en el dibujo A, y escribe una lista de las diferencias en el dibujo B.
(Look at the pictures. Mark what there is in picture A, and write a list of the differences in picture B.)

A Hay . . .

dos dormitorios
tres dormitorios
cuatro dormitorios
un cuarto de baño
dos cuartos de baño
un salón
un comedor
una cocina
un despacho
un aseo
un jardín
una terraza
un garaje
un gato
un perro
un conejo
un conejillo de Indias
un ratón
unos peces

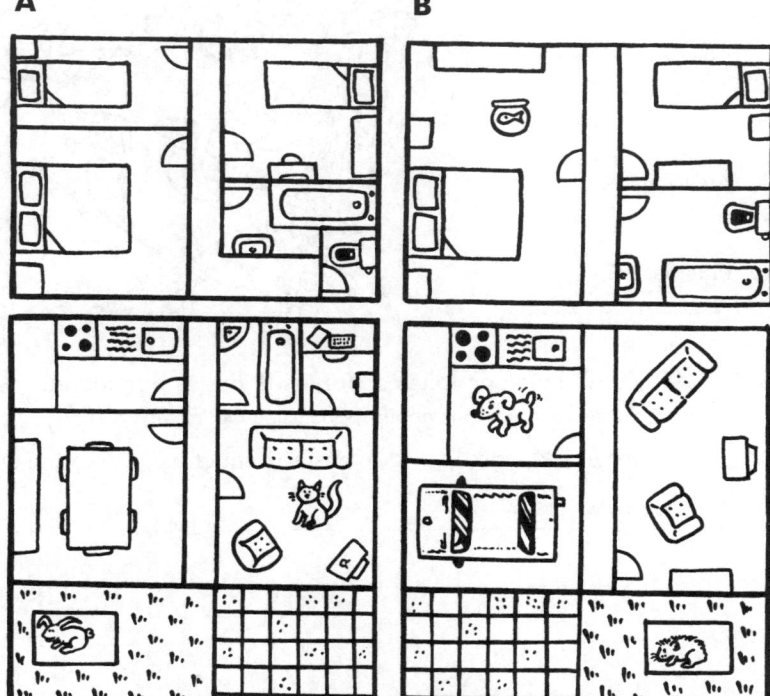

B _____

CUADERNO: TEMA 4

¿Qué deporte practicas? (páginas 56-57)

1 Escribe las letras que faltan para completar los nombres de los deportes.
(Write in the missing letters to complete the names of the sports.)

el___tletismo	la___im___asia	la___atación
el balon___esto	el___ockey	el___ug___y
el ciclism___	el___ud___	el___eni___
la e___uitación	el kár___te	la vel___
el___útbol		

2 Mira el dibujo y escribe las frases apropiadas en los espacios.
(Look at the drawing and write the appropriate sports in the spaces.)

ejemplo — Juego al tenis.

Practico el kárate.

Practico la _____
Juego al _____
Juego al _____
Practico la _____
Practico el _____
Practico el _____
Juego al _____
Practico la _____
Juego al _____
Juego al _____
Practico el _____
Practico la _____

3 Escribe tus opiniones sobre los deportes empleando palabras como:
(Write your opinions about sports using words such as:)

Juego / Practico   Me gusta(n) mucho   No me gusta(n)

_____
_____
_____

4 Entrevista a tu deportista preferido. Pega su foto aquí. Escribe las respuestas a las preguntas.
(Interview your favourite sportsperson. Stick his/her photo here. Write the answers to these questions.)

¿Cómo te llamas?

¿De qué nacionalidad eres?

¿Dónde vives?

¿Qué deporte practicas?

¿Qué otros deportes te gustan?

¿Qué haces en tu tiempo libre?

●● **CUADERNO: TEMA 4** ●●

¿Qué haces en tu tiempo libre? (páginas 58-59)

1 Haz una tarta como la de los ejemplos sobre tus pasatiempos.
(Look at the examples and make a pie chart of your hobbies.)

2 Empareja las palabras de las dos listas para completar las frases.
(Pair up the words in the two lists to complete the sentences.)

En mi tiempo libre . . .

salgo	de compras.
voy	con mis amigos.
juego	al cine.
toco	con mi ordenador.
juego	la guitarra.
voy	al fútbol.
veo	libros.
leo	la televisión.

¿Qué hay en la tele? (páginas 60-61)

CUADERNO: TEMA 4

1 Empareja los dibujos con lo que dicen los jóvenes.
(Pair up the drawings with what the people are saying.)

1. Yo prefiero las series policíacas.
2. Prefiero las telenovelas.
3. Yo prefiero los concursos.
4. Prefiero las telecomedias.
5. Yo prefiero los programas de deportes, especialmente el fútbol.
6. Prefiero las noticias y los programas de actualidad.

2 Dibuja o recorta unas fotos de tus programas de televisión preferidos y prepara anuncios para una revista española.
(Draw or cut out some photos of your favourite television programmes and make up some advertisements for a Spanish magazine.)

ejemplo

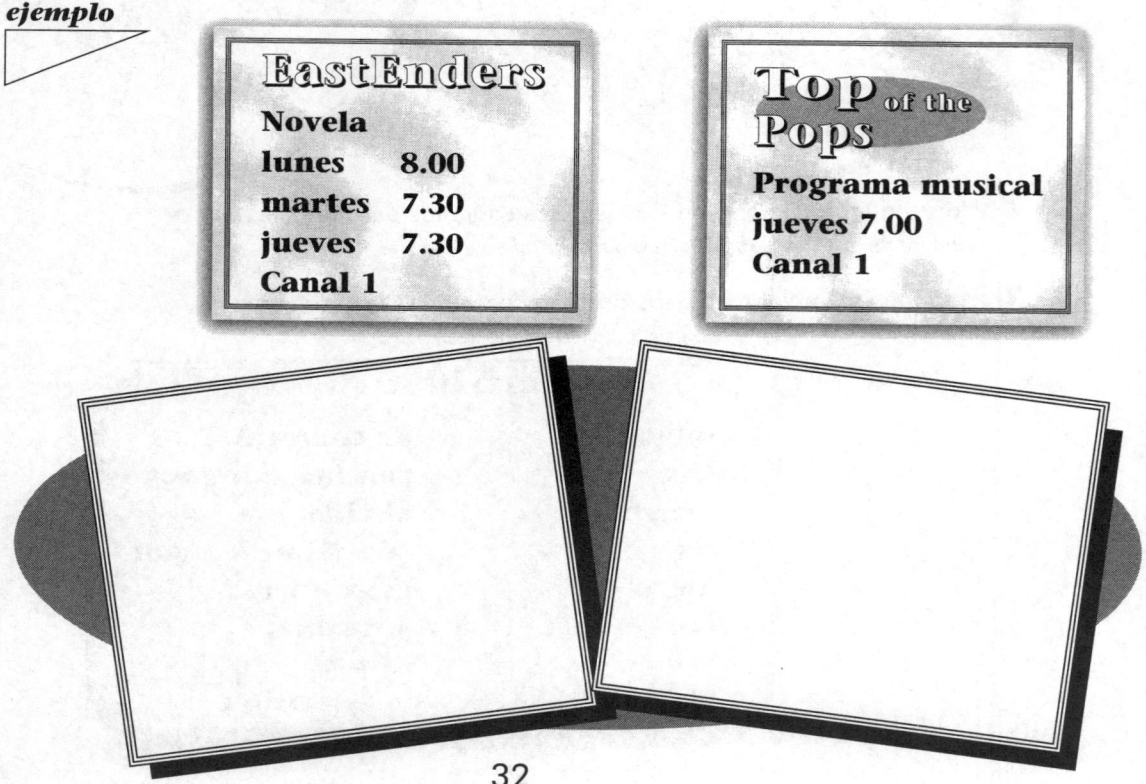

EastEnders
Novela
lunes 8.00
martes 7.30
jueves 7.30
Canal 1

Top of the Pops
Programa musical
jueves 7.00
Canal 1

● ● **CUADERNO: TEMA 4** ● ●

¿A qué hora ponen el fútbol? (páginas 62-63)

1 Mira la guía de televisión y contesta las preguntas.
(Look at the TV guide and answer the questions.)

1 ¿A qué hora ponen **La casa de la pradera**?
A las _____

2 ¿En qué canal ponen **Los vigilantes de la playa**?
En _____

3 ¿A qué hora ponen **Directamente pop**?
_____

4 ¿En qué canal ponen **Vacaciones animadas**?
_____

5 ¿A qué hora ponen **Noticias**?
_____

6 ¿En qué canal ponen **el fútbol**?
_____

2 Escribe sobre tu programa de televisión preferido.
(Write about your favourite TV programme.)

_____
_____
_____
_____

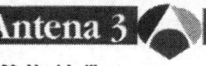

DOMINGO 19 Septiembre

Tele 5

07.10 Entre hoy y mañana
(Repetición)
07.30 Telebuten

Mazinger Z.

10.30 Bellezas al agua
(Repetición)
12.15 La casa de la pradera
13.15 Una de cine
(TÍTULO NO FACILITADO)
15.00 Cinco samurais
15.30 Cine fiesta
(TÍTULO NO FACILITADO)
17.20 Gran Pantalla TV
(TÍTULO NO FACILITADO)
19.15 La chistera
19.45 Papá comandante
20.15 Cine
(TÍTULO NO FACILITADO)
22.00 Veraneando
Programa presentado desde Ibiza por Bertín Osborne Remedios Cervantes, que cuenta con distintas actuaciones de estrellas invitadas.

Los presentadores de este programa.

00.45 Pressing fútbol. Liga italiana
02.30 Entre hoy y mañana
03.00 Directamente pop

Antena 3

07.30 Nacida libre
08.30 Vacaciones animadas

El libro de la selva.

12.30 Los cinco sentidos
Presentado por Paloma Lago y José Oleza.
13.30 Salvados por la campana
14.00 El príncipe de Bel Air
15.00 Noticias
15.30 Cine fin de semana
(TÍTULO NO FACILITADO)
17.30 Cine
(TÍTULO NO FACILITADO)
19.00 Toros

Toros en Antena 3.

21.00 Los vigilantes de la playa
22.00 Cine
(TÍTULO NO FACILITADO)
24.00 Noche de Lobos (I)
(TÍTULO NO FACILITADO)
01.30 Noche de lobos (II)
(TÍTULO NO FACILITADO)
03.00 Burbujas
(Repetición)

Mi programa preferido es **Los chicos de Beverly Hills**. Lo ponen a las dos y cinco en el canal Plus.

¿Cuál es tu programa preferido?

¿Adónde vamos? (páginas 64-65)

• • CUADERNO: TEMA 4 • •

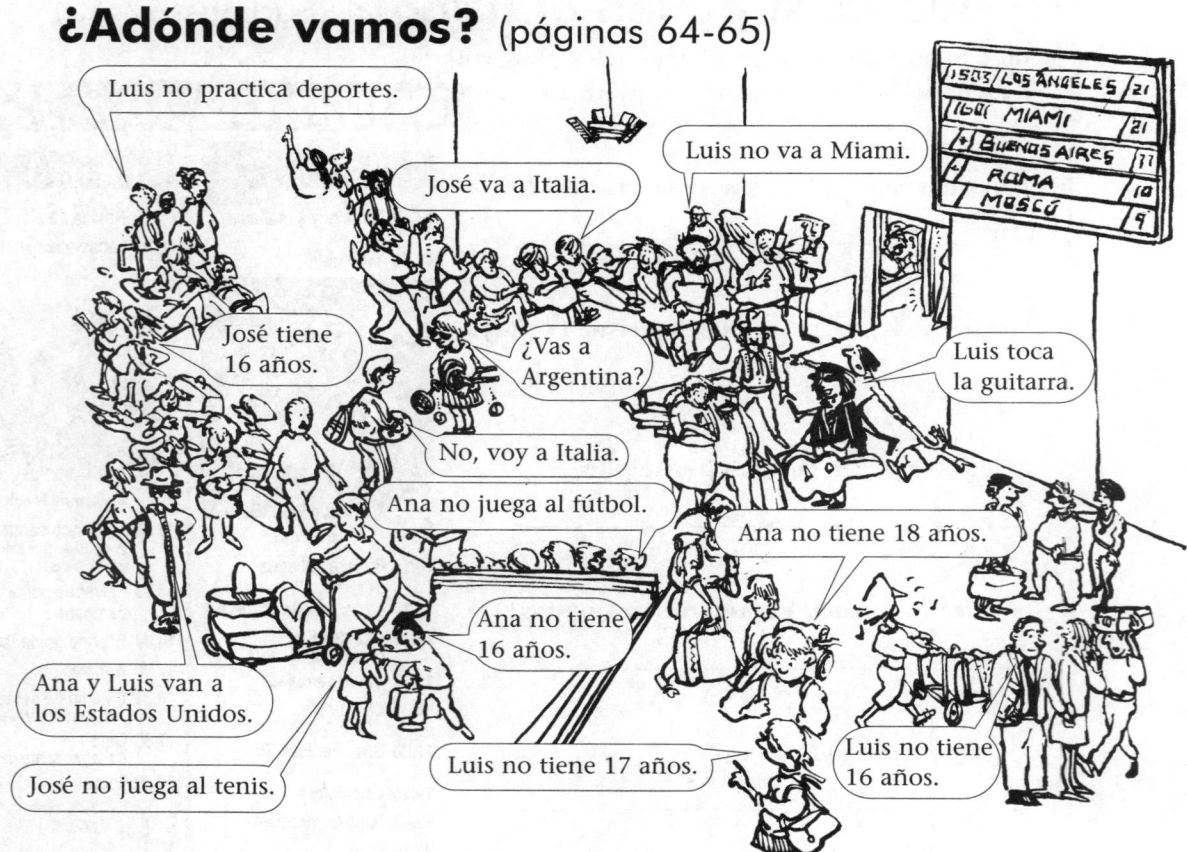

1 Lee las frases en los globos y marca la información en las casillas. Luego contesta las preguntas.
(Read the sentences in the bubbles and mark the information in the grid. Then answer the questions.)

	José	Ana	Luis
16			
17			
18			
el fútbol			
el tenis			
la guitarra			
Roma			
Miami			
Los Angeles			

1 ¿Cuál de los chicos tiene 16 años? _____

2 ¿Quién tiene 17 años? _____

3 ¿Quién tiene 18 años? _____

4 ¿Qué deporte practica José? _____

5 ¿Qué deporte practica Ana? _____

6 ¿Adónde va José? _____

7 ¿Adónde va Ana? _____

8 ¿Adónde va Luis? _____

● ● **CUADERNO: TEMA 4** ● ●

Una cita (páginas 66-67)

1 Mira la tira cómica. ¿Qué dicen los amigos? Pon esta conversación en el orden correcto.
(Look at the cartoon strip. What are the friends saying to each other? Put the conversation in the correct order.)

Hasta luego.   De acuerdo.   No puedo ir al cine, tengo que estudiar.   ¿Diga?   Estupendo. ¿A qué hora es la fiesta?

En casa de Felipe.   Los Picapiedra.

¿Una fiesta? ¿Dónde?   Nos encontramos en mi casa.

Hola, Juanita. ¿Qué tal?   ¿Qué película ponen?

A las ocho.   Hola Jaime.   ¿Quieres ir al cine?   ¿Quieres ir a una fiesta?

●● CUADERNO: TEMA 4 ●●

¿Alquilamos un vídeo? (páginas 68-69)

1a ¿Qué tipo de películas prefieres? Márcalas en orden de preferencia.
(What types of films do you prefer? Number the following in order of preference.)

comedias ☐	de aventuras ☐
películas de terror ☐	de acción ☐
de drama ☐	policíacas ☐
de ciencia ficción ☐	del oeste ☐
de intriga ☐	otras ☐

1b Completa las frases, rellenando los espacios en blanco.
(Complete the sentences.)

ejemplo — Me gustan las películas de ciencia ficción pero prefiero las películas de acción. No me gustan las películas del oeste. Mi película preferida es Drop Zone.

Películas
Me gustan las películas de _____

pero prefiero _____

No me gustan _____

Mi película preferida es _____

Vídeos
Me gustan los vídeos de _____

pero prefiero _____

No me gustan _____

Programas de televisión
Me gustan los programas de _____

pero prefiero _____ No me gusta / gustan _____

Mi programa preferido es _____

CUADERNO: TEMA 4

Locos por la música (páginas 70-71)

1 Elige la frase más apropiada para cada dibujo.
(Choose the most appropriate phrase to describe each picture.)

ejemplo

Cantan muy bien.

Canta muy bien.

1. Es marchosa.
2. Tiene mucho ritmo.
3. Es fuerte.
4. Es romántica.
5. Es romántico.
6. Es dramática.
7. Es dramático.
8. Es fantástica.
9. Es fantástico.
10. Cantan muy bien.
11. Canta muy bien.
12. Son muy guapos.
13. Es muy guapo.
14. Es muy guapa.
15. Tocan muy bien.
16. Toca muy bien.
17. Bailan muy bien.
18. Baila muy bien.

2 Pega fotos de tu grupo y cantante preferidos en el espacio y contesta las preguntas.
(Stick pictures of your favourite group and singer in the space and answer the following questions.)

¿Qué música te gusta?
Me gusta _____

¿Por qué?
Porque _____

¿Cuál es tu grupo preferido?
_____

¿Por qué?
_____

¿Cuál es tu cantante preferido?
_____

¿Por qué?
_____

● ● **CUADERNO: TEMA 4** ● ●

Repaso: Tema entero

1 Escribe las palabras apropiadas en los espacios para completar la carta y luego escribe una carta parecida.
(Complete the letter by writing the correct words in the spaces and then write a similar letter.)

Estimada Amanda:

¡Hola! ¿Qué ....? Me .... Lucía. Tengo 16 años y vivo en Zamora. Mi deporte preferido es

....

También .... al voleibol y practico

....

En mi tiempo libre me gusta salir con mis amigos, ver la televisión y ....

Mi libro preferido es 'Lo que el viento se llevó'. Mis programas preferidos son ....

y las series ....

2 Lee las descripciones de las personas y luego escribe la letra A, B, C, D, E o F para indicar el nombre correcto de cada persona.
(Read the descriptions of the people, and then write A, B, C, D, E or F to indicate the correct name of each person.)

Antonio es alto y practica el baloncesto.

Beatriz es baja y delgada. Practica la gimnasia.

Carlos prefiere leer. No le gusta practicar deportes.

A **D**avid le gustan mucho los dibujos animados.

Elvira escucha música clásica.

Felisa prefiere la música rock pero toca muy bien el violín.

● ● CUADERNO: TEMA 4 ● ●

Repaso: Tema entero

¿Conoces muy bien a tu amigo/a? Contesta estas preguntas.

¿Cómo se llama tu amigo/a? _____

¿Cómo se llama en casa? _____

¿Cuántos años tiene? _____

¿Cuándo es su cumpleaños? _____

¿Tiene hermanos? _____

¿Cuántos tiene? _____

¿Dónde vive? _____

¿Vive en un piso o en una casa? _____

¿Cuál es su número de teléfono? _____

¿Cuál es su asignatura preferida? _____

¿Qué asignatura no le gusta? _____

¿Qué deportes practica? _____

¿Qué le gusta hacer en su tiempo libre? _____

¿Qué tipo de programas de televisión prefiere? _____

¿Cuál es su programa preferido? _____

¿Toca algún instrumento musical? ¿Cuál es? _____

¿Tiene animales en casa? _____ *¿Qué tiene?* _____

¿Cuál es su color preferido? _____

¿Qué día de la semana prefiere? _____

¿Qué tipo de música prefiere? _____

¿Cuál es su grupo o cantante preferido? _____

Ahora haz las preguntas a tu amigo/a. ¿Son correctas todas las respuestas?

De 15 a 20 respuestas correctas
¡Enhorabuena! Conoces muy bien a tu amigo/a.

De 10 a 14
Bastante bien.

Menos de 10
No conoces muy bien a tu amigo/a. A ver si le haces más preguntas y escuchas bien sus respuestas.

●● CUADERNO: TEMA 5 ●●

Tengo hambre (páginas 74-75)

1 Mira los dibujos y completa las frases.
(Look at the pictures and complete the sentences.)

1
Tengo _____
¿Qué quieres _____ ?
Un _____

2
¿Quieres una _____ ?
No. Quiero una _____

3
¿Qué quieres _____ ?
Quiero tomar una _____
Tengo _____

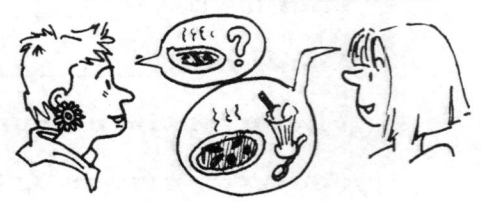

4
¿ _____ una pizza?
Sí, _____ hambre. Y
_____ un helado también.

5
_____ un bocadillo.
¿Y tú, _____ hambre?
No mucho _____ sed.
Quiero _____ algo.

6
¿Qué _____ tomar?
¿ _____ una naranjada?
No _____ sed.
_____ un _____
Tengo _____

2 Completa los nombres de estos lugares donde se puede comer.
(Complete the names of these eating places.)

¡Oiga, camarero! (páginas 76-77)

1 Elige algo de comer y beber del menú y escribe tus respuestas al camarero en los espacios en blanco.
(Choose something to eat and drink from the menu and write your replies to the waiter in the blank spaces.)

Tú: ¡_____!
Camarero: ¿Qué va a tomar?
Tú: Para mí _____
Camarero: ¿Quiere pan?
Tú: _____
Camarero: ¿Algo más?
Tú: _____
Camarero: ¿Quiere helado?
Tú: _____
Camarero: ¿Y para beber?
Tú: _____
Camarero: ¿Quiere café después?
Tú: _____
Camarero: ¿Algo más?
Tú: _____

◀ Menú ▶

Tortilla española	550 ptas.
Tortilla francesa	450 ptas.
Ensalada verde	300 ptas.
Ensalada de tomate	300 ptas.
Pan	150 ptas.
Hamburguesa	550 ptas.
Hamburguesa con queso	575 ptas.
Pizza de queso y tomate	450 ptas.
Pizza de queso y jamón	450 ptas.
Bocadillo de jamón	350 ptas.
Bocadillo de queso	325 ptas.
Helados de chocolate, de vainilla, de fresa	200 ptas.
Patatas fritas	200 ptas.
Batidos varios	225 ptas.
Limonada	125 ptas.
Naranjada	125 ptas.
Coca Cola	150 ptas.
Agua mineral	150 ptas.
Café solo	125 ptas.
Café con leche	150 ptas.

2 Escribe tu menú ideal.
(Write your own ideal menu.)

CUADERNO: TEMA 5

Un bocadillo, por favor. (páginas 78-79)

1a Mira el mostrador de esta cafetería. Mira el menú y marca lo que hay y lo que no hay.
(Look at the counter of this cafe. Look at the menu and mark on it what there is and what is missing.)

Bocadillo de jamón	600 ptas.
Bocadillo de queso	500 ptas.
Bocadillo de chorizo	600 ptas.
Bocadillo de tortilla	400 ptas.
Pizza	520 ptas.
Hamburguesa	300 ptas.
Tortilla española	400 ptas.
Ensalada mixta	260 ptas.
Patatas fritas	180 ptas.
Helado de vainilla	195 ptas.
Helado de chocolate	210 ptas.
Helado de fresa	210 ptas.

1b Escribe una lista de lo que hay y otra de lo que no hay.
(Write a list of what there is and what is missing.)

Hay _____
_____
_____

No hay _____
_____

1c Elige algo de comer del menú.
(Choose something to eat from the menu.)

Para mí _____

● ● **CUADERNO: TEMA 5** ● ●

La cuenta, por favor. (páginas 80-81)

1 Lee los precios en el menú y mira lo que tienen los clientes. Empareja las cuentas con los clientes y rellena los precios y los totales.
(Read the prices on the menu and look at what the customers have ordered. Match the bills to the customers and fill in the prices and the totals.)

Menú

Hamburguesa	Quinientas treinta y cinco pesetas
Pizza	Seiscientas diez pesetas
Ensalada	Doscientas ochenta pesetas
Tortilla española	Trescientas pesetas
Patatas fritas	Ciento noventa pesetas
Bocadillos	Cuatrocientas y cinco pesetas
Helados	Cien pesetas
Batido	Ciento noventa y dos pesetas
Limonada	Ciento cincuenta pesetas
Café	Ciento veinticinco pesetas
Agua mineral	Ciento veinte pesetas

1
- Hamburguesa ....
- Patatas fritas ....
- Ensalada ....
- Batido ....
- Total ....

2
- Pizza ....
- Ensalada ....
- Agua mineral ....
- Total ....

3
- Bocadillo ....
- Agua mineral ....
- Café ....
- Total ....

4
- Tortilla ....
- Helado ....
- Limonada ....
- Total ....

5
- Bocadillo ....
- Helado ....
- Café ....
- Total ....

●● **CUADERNO: TEMA 5** ●●

¿Qué te pasa? (páginas 82-83)

1a Empareja los pacientes con los globos. ¡Ojo! Hay 9 pacientes y sólo 8 globos.
(Pair up the patients with the speech bubbles. Be careful! These are 9 patients and 8 speech bubbles!)

1b Escribe lo que le duele al paciente que no tiene globo.
(What is wrong with the patient who doesn't have a speech bubble?)

_____

a Me siento mal. Me duele la cabeza.

b ¡Ay! Me duele la garganta.

c Me duele mucho la espalda.

d Me duelen los pies.

e Me duelen las manos.

f ¿Te duelen las muelas?

g Me duelen mucho los brazos.

h Me duelen las piernas.

2 Mira el dibujo y escribe los nombres de las partes del cuerpo.
(Look at the picture and label the parts of the body.)

1 _____

2 _____

3 _____

4 _____

5 _____

• • **CUADERNO: TEMA 5** • •

¿Qué comes? (páginas 84-85)

1 Sigue las flechas y busca los nombres de las comidas.
(Follow the arrows and look for the names of the meals.)

```
E L D E S
L O N U Y A
A L A M E R
C A D N E I
O D A L A C
M I   A N E
```

2 Escribe las palabras apropiadas de la lista para completar el crucigrama.
(Write the correct words from the list to complete the crossword.)

café	té	leche	agua	zumo de fruta	Coca Cola	cereales
pan	sopa	ensalada	pasta	pizza	hamburguesa	patatas
filete	pollo	pescado	arroz	fruta	bocadillo	jamón
				queso	tortilla	verduras

3 Escribe tu menú ideal para cada comida:
(Write your ideal menu for each meal:)

    el desayuno   *la comida*   *la merienda*   *la cena*

● ● **CUADERNO: TEMA 5** ● ●

¡Que aproveche! (páginas 86-87)

1 Mira los dibujos. ¿Qué diferencias hay? Escríbelas.
(Look at the pictures. What are the differences? Write them down.)

ejemplo — En el dibujo 1 hay un melón. En el dibujo 2 no hay melón.

Hay/No hay...
- melón
- plátanos
- fresas
- piña
- uvas
- manzanas
- peras
- melocotones
- naranjas

2 Escribe las palabras en los espacios horizontales para revelar un mensaje vertical.
(Write the words horizontally on the grid, to reveal a vertical message.)

Q
A
R
R
E
C
E

Escribe el mensaje aquí: ¡_____!

● ● **CUADERNO: TEMA 5** ● ●

Repaso: Tema entero

1 Mira el póster de la carrera popular de Madrid y contesta las preguntas.
(Look at the poster of the Madrid 20km race and answer the questions.)

  1 ¿Qué fecha es?
  2 ¿A qué hora empieza?
  3 ¿Qué distancia es la carrera principal?
  4 ¿Qué distancia es la carrera mini?

Repaso: Tema entero

2 Rellena los espacios con las palabras apropiadas.
(Fill in the gaps with the correct words.)

1 Hoy tomo el desayuno a las _____ porque por la mañana corro el maratón de Madrid. Tomo zumo de _____ y café.

2 Son _____ . ¡Vamos! Me siento muy _____ .

3 En el kilómetro número 10 tengo _____ . Bebo _____ .

4 En el kilómetro número 15 tengo _____ . Quiero una _____ con _____ .

5 En el kilómetro 18: _____ los pies. Me siento _____ .

6 ¡El kilómetro 20! Me duelen _____ , me duelen _____ , tengo sed, tengo hambre pero _____ muy bien.

7 Después tomo una comida muy buena: _____ , patatas fritas, pan y un litro de agua.

las nueve	pan	naranja	seis y media	bien	mal	agua
sed	hambre	los pies	las piernas	me siento	Me duelen	
	hamburguesa	patatas fritas		ensalada	filete	

CUADERNO: TEMA 6

Ponte a la moda (páginas 92-93)

1 Lee las descripciones de la ropa de los jóvenes y nombra la ropa usando las palabras de las descripciones.
(Label the clothes using the words from the descriptions.)

1 _____ 2 _____ 3 _____
4 _____
5 _____   9 _____
6 _____   10 _____
                                                           11 _____
7 _____
                                                           12 _____
8 _____

Sebastián
Unas botas marrones, unos calcetines rojos, unos vaqueros azules, una camiseta blanca, un chaleco corto muy bonito y una chaqueta grande.

Cristina
Unos zapatos negros, unas medias blancas, una falda corta, un jersey largo, un gorro grande y una camisa gris.

2 Lee las descripciones otra vez y colorea la ropa con los colores apropiados.
(Read the descriptions again and colour in the clothes with the appropriate colours.)

3 En el espacio dibuja o pega un recorte de un traje que te gusta. Escribe una descripción de la ropa.
(Draw or stick a picture of an outfit in the space. Write a description of the clothes.)

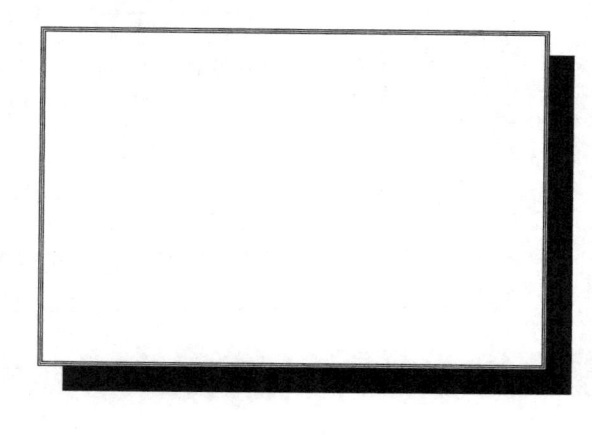

• • CUADERNO: TEMA 6 • •

¿Qué me pongo? (páginas 94-95)

1 Lee la conversación entre los amigos y elige la ropa apropiada para cada uno. Escribe los números de la ropa.
(Read the conversation between the three friends and choose the correct clothes for each one. Write down the number of each item of clothing.)

1 2 3 4 5 6 7 8 9 10 11 12

—¿Qué me pongo para ir a la fiesta?
—Ponte tu falda corta.
—¿Qué te pones tú?
—¿Te gustan mis pantalones? Me están bien, ¿no?
—Ay no, son muy feos.

—¿Me pongo la camisa blanca?
—No, te está pequeña.
—Ponte mi camiseta.
—No me gusta.
—Mi chaqueta es muy elegante.
—¡Su chaqueta es horrible!
—¿Qué me pongo?

—¿Te están bien las botas negras?
—No, me están grandes.
—¿Y tus zapatos?
—No están de moda.
—Yo me pongo mis vaqueros y mi camisa negra.
—Yo me pongo mi falda larga y mi gorro.
—Y yo mi falda corta.

Nieves _____

Elvira _____

Santiago _____

2 Escribe lo que te pones tú para ir a una fiesta.
(Write what you would wear to a party.)

_____
_____
_____
_____

● ● **CUADERNO: TEMA 6** ● ●

¿Qué te pones para ir al colegio? (páginas 96-97)

1 ¿Qué se pone Roberto para ir al colegio? Lee la carta y busca las palabras que faltan en la sopa de letras. Escríbelas en los espacios en blanco.
(What does Roberto wear to go to school? Read his letter and look for the missing words in the wordsearch. Write them in the blank spaces.)

¡Hola!

¿Qué te pones tú para ir al colegio?

En España no hay uniforme. Para ir al colegio me pongo unos .... negros o azules, una .... de cuadros y un .... No me pongo .... como en Inglaterra, eso es muy formal. Me pongo mi .... de cuero y .... o .... deportivas Adidas.

V	A	Q	U	E	R	O	S	E	Q	Z	M	C
Z	F	C	O	R	B	A	T	A	C	A	E	A
F	A	L	D	A	E	Ñ	A	B	A	P	D	M
C	H	A	L	E	C	O	Z	L	L	A	I	I
V	E	S	T	I	D	O	A	U	C	T	A	S
A	B	R	I	G	O	É	P	S	E	I	S	A
G	U	A	N	T	E	S	A	A	T	L	J	G
A	N	O	R	A	K	Í	T	L	I	L	E	O
B	O	T	A	S	L	L	O	O	N	A	R	R
C	A	M	I	S	E	T	S	N	E	S	S	R
P	A	N	T	A	L	O	N	E	S	O	E	A
S	C	H	A	Q	U	E	T	A	I	E	Y	O

2a ¿Qué te pones tú para ir al colegio? Describe tu uniforme. Usa las palabras de la sopa de letras y la carta de Roberto.
(What do you wear for school? Describe your uniform. Use the wordsearch and Roberto's letter to help you.)

Para ir al colegio me pongo _____

_____

2b ¿Te gusta tu uniforme? Escribe una frase. _____

Me gusta	mi uniforme del colegio porque	es	bonito. feo. práctico. incómodo.
No me gusta			está de moda. no está de moda.

51

● ● CUADERNO: TEMA 6 ● ●

De compras (páginas 98-99)

1 Mira los dibujos y elige uno de cada par. Escribe cuál te gusta más y por qué.
(Look at the pictures and choose one from each pair. Write why you prefer it and give a reason.)

ejemplo

Prefiero éstas porque son largas./ Me gustan más ésas porque son negras.

1 ¿Te gusta este gorro o ése?
a Este gorro
b Ese gorro

porque _____

2 ¿Prefieres esta camisa o ésa?
a Esta camisa
b Esa camisa

porque _____

3 ¿Te gustan más estos vaqueros o ésos?
a Estos vaqueros
b Esos vaqueros

porque _____

4 ¿Prefieres estas zapatillas o ésas?
a Estas zapatillas deportivas
b Esas zapatillas deportivas

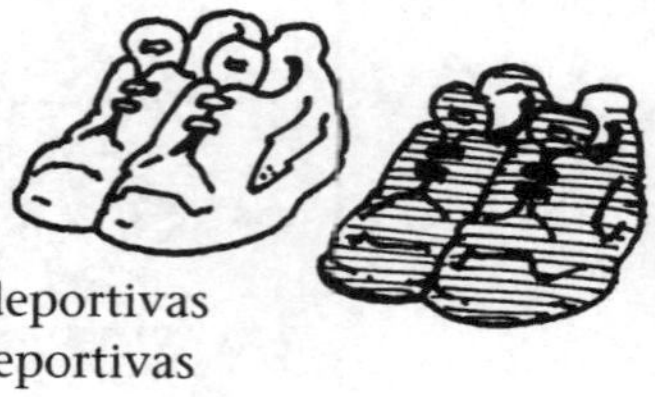

porque _____

2 Recorta o dibuja artículos de ropa que te gustan. Escribe una frase para cada uno.
(Cut out or draw items of clothing that you like. Write a sentence for each one.)

ejemplo

Me gusta esta chaqueta porque es negra y es de cuero.

1 _____

2 _____

3 Contesta las preguntas.

¿Qué talla tienes?   La 240.   ¿Qué número usas?   El 100.

¿Qué talla tienes? _____ ¿Qué número usas? _____

¿Cuánto cuesta? (páginas 100-101)

1 Lee la conversación. Empareja los precios con la ropa.
(Read the conversation and write the prices in numerals on the price tags.)

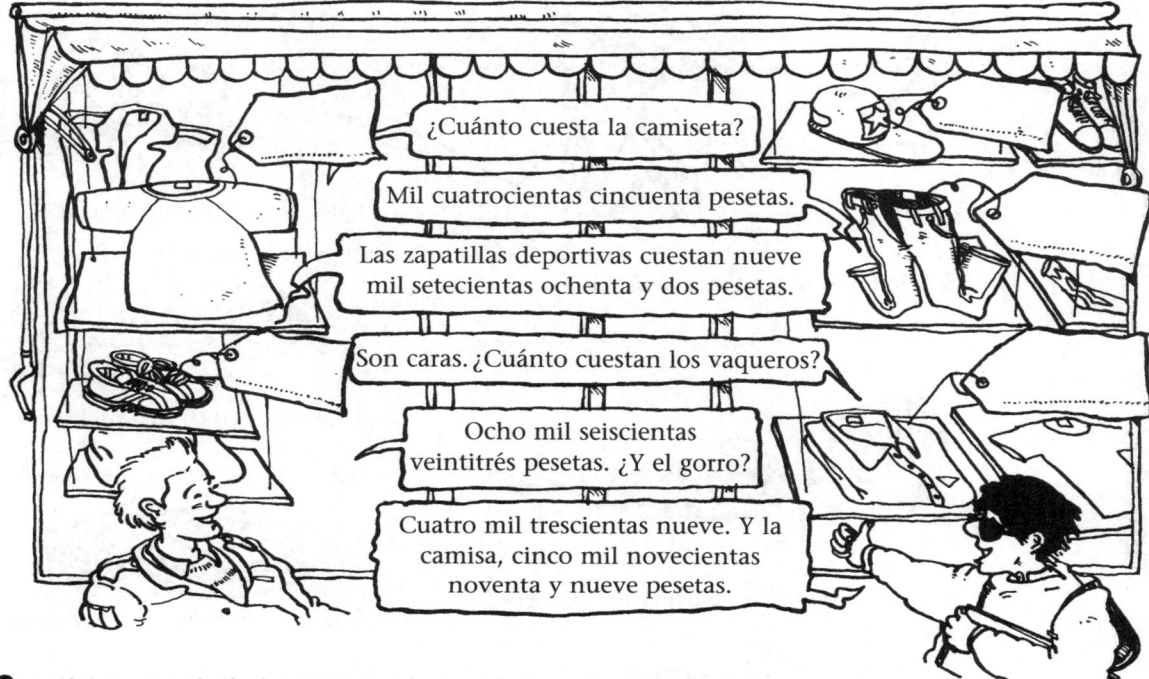

¿Cuánto cuesta la camiseta?

Mil cuatrocientas cincuenta pesetas.

Las zapatillas deportivas cuestan nueve mil setecientas ochenta y dos pesetas.

Son caras. ¿Cuánto cuestan los vaqueros?

Ocho mil seiscientas veintitrés pesetas. ¿Y el gorro?

Cuatro mil trescientas nueve. Y la camisa, cinco mil novecientas noventa y nueve pesetas.

2 Utiliza una calculadora. Sigue el ejemplo para todas las sumas. Escribe el número que sale en cada caso.
(Use a calculator. Follow the example for every sum. Write the answer for each one.)

ejemplo Sustrae el número pequeño del número grande.

```
  9725
- 5270
= 4455
```

Aclara la calculadora. Suma las cifras:

4+4+5+5=18

Suma las dos últimas cifras:

1+8=9

¿Ves el truco? Haz tus propias sumas con números de cuatro cifras.

a seis mil novecientos cuarenta y tres
menos
cuatro mil trescientos noventa y seis

b siete mil doscientos quince
menos
cinco mil doscientos setenta y uno

c ocho mil trescientos veintidós
menos
tres mil doscientos cuarenta y seis

d nueve mil ciento cincuenta y tres
menos
tres mil quinientos diecinueve

● ● **CUADERNO: TEMA 6** ● ●

En la verbena (páginas 102-103)

1 Contesta las preguntas.
Información personal

1 ¿Qué tipo de música prefieres?

Prefiero _____

2 ¿Cuál es tu grupo preferido?

Mi grupo preferido _____

3 ¿Quién es tu cantante preferido?

_____

4 ¿Qué haces en tu tiempo libre?

_____

5 ¿Qué programas de televisión prefieres?

_____

6 ¿Qué tipo de películas te gustan?

_____

7 ¿Quién es tu actor preferido?

_____

8 ¿Quién es tu actriz preferida?

_____

9 ¿Qué tipo de ropa prefieres llevar?

_____

10 ¿Qué deportes practicas?

_____

11 ¿Quiénes son tus deportistas favoritos?

_____

12 ¿Cuál es tu comida preferida?

_____

13 ¿Qué tipo de libros o revistas te gusta leer?

14 ¿Cuál es tu libro favorito?

• • **CUADERNO: TEMA 6** • •

¡Muévete! (páginas 104-105)

1 ¿Qué dicen estas personas?
(What are these people saying?)

Cierra la puerta.
Levanta los pies.
Cruza el puente.
Mueve tu coche.
Ponte los vaqueros.
Levántate.
Ven de compras.
Abre tu libro.

CUADERNO: TEMA 6

España de fiesta (páginas 106-107)

1 Mira las fechas de las fiestas y lee las tarjetas. ¿En qué parte de España están las personas que escriben las tarjetas?

6 de enero Día de Reyes	febrero / marzo Carnaval	marzo / abril Semana Santa
abril La Feria de abril Sevilla	**junio** La Romería del Rocío Almonte, Huelva	**julio** San Fermín Pamplona

¡Hola amigos!
Estamos todos de fiesta. Mañana voy a una corrida de toros. Es cierto que la feria es fenomenal. Los trajes típicos y los vestidos son fabulosos.
Saludos,
Alicia

Queridos papás
Ya sabéis lo que dice la canción... es el 7 de julio, así que aquí estoy preparado para toda una semana de fiesta. Pero tranquilos... estoy en forma y corro muy rápido, así no voy a tener problemas con los toros.
Abrazos,
Juan

Queridos abuelitos
Estoy de vacaciones en el suroeste de España. En estos días mucha gente va al santuario de la Virgen del Rocío.
Hasta la vista,
Carlos

a Alicia está de vacaciones en _____
b Juan está _____
c Carlos _____

2 Completa la tarjeta.

| fenomenal |
| España |
| fiesta |
| toros |
| vestido |
| flamenco |

Estimada Karen:
¡Hola! ¿Qué tal? Estoy de vacaciones en el sur de .... Estamos en un hotel. Esta semana hay una .... Hoy hay una corrida de .... Mañana hay una verbena. ¡A ver si me pongo un .... para bailar ....
Hasta pronto,
Rachel

CUADERNO: TEMA 6

Al fin y al cabo

Contesta las preguntas.

1 ¿Cómo te llamas? _____

2 ¿Qué tal? ¿Cómo estás? _____

3 ¿Cuántos años tienes? _____

4 ¿Dónde vives? _____

5 ¿De qué nacionalidad eres? _____

6 ¿Cuándo es tu cumpleaños? _____

7 ¿Cómo se llama tu instituto o colegio? _____

8 ¿Cómo es tu instituto? _____

9 ¿Cómo vas al instituto? _____

10 ¿Hay uniforme? ¿Cómo es? _____

11 ¿Cuál es tu asignatura preferida? _____

12 ¿Tienes hermanos? ¿Cuántos tienes? _____

13 ¿Cuál es tu color preferido? _____

14 ¿Cómo eres? ¿Eres alto o bajo? _____

15 ¿Tienes el pelo largo o corto? ¿Es rizado o liso? _____

16 ¿Tienes animales en casa? ¿Qué animales tienes? _____

17 ¿Vives en una casa o en un piso? _____

18 ¿Cómo es tu pueblo, ciudad o barrio? _____

19 ¿Qué haces en tu tiempo libre? _____

¡Enhorabuena! ¡Cuántas cosas sabes escribir en español! Ahora rellena el diploma de ¡ARRIBA!

Al fin y al cabo
¡ARRIBA!

DIPLOMA DE ESPAÑOL PARA EL AÑO ....

Nombre y apellido: ....
(¿Cómo te llamas?)

Edad: .... **años.** (¿Cuántos años tienes?)

Fecha de nacimiento: ....
(¿Cuándo es tu cumpleaños?)

Nacionalidad: ....
(¿De qué nacionalidad eres?)

Domicilio: ....
....
(¿Dónde vives? Número/nombre de casa, calle, ciudad, país)

Centro de estudio: ....
(¿Cómo se llama tu instituto o colegio?)

Profesor o profesora de español: ....
(Cómo se llama tu profesor/a de español?)

Temas preferidos de ¡ARRIBA!: ....
....
(¿Qué te gusta más? ¿Qué temas te interesan? ¿El colegio y las asignaturas? ¿La comida? ¿Las fiestas? ¿El deporte? ¿El tiempo libre? ¿La ropa? ¿Tu casa? ¿Tu familia? ¿Los animales?)

Elige la frase apropiada:

El español . . .
me fascina ☐   **me encanta** ☐   **me gusta mucho** ☐   **me gusta** ☐   **no me gusta** ☐

Marca la casilla apropiada:

	escuchar	hablar	leer	escribir
Me gusta mucho	☐	☐	☐	☐
Me gusta	☐	☐	☐	☐
Tengo que practicar	☐	☐	☐	☐

Firma del alumno/a: ....
(Escribe tu nombre y apellido.)

Firma del profesor/a de español: ....

ISBN 0-435-39012-0